GUEST BOOK

DAISY DAYS

Guest List

_____   _____

_____   _____

_____   _____

_____   _____

_____   _____

_____   _____

_____   _____

_____   _____

_____   _____

_____   _____

_____   _____

Guest List

Guest Name

_____

_____

Message to Treasure

_____

_____

_____

_____

Guest Name

_____

_____

Message to Treasure

_____

_____

_____

_____

Guest Name

_____

_____

Message to Treasure

_____

_____

_____

_____

Guest Name

_____

_____

Message to Treasure

_____

_____

_____

_____

Guest Name

_____

_____

Message to Treasure

_____

_____

_____

_____

Guest Name

_____

_____

Message to Treasure

_____

_____

_____

_____

Guest Name

_____

_____

Message to Treasure

_____

_____

_____

_____

Guest Name

_____

_____

Message to Treasure

_____

_____

_____

_____

Guest Name

_____

_____

Message to Treasure

_____

_____

_____

_____

Guest Name

_____

_____

Message to Treasure

_____

_____

_____

_____

Guest Name

_____

_____

Message to Treasure

_____

_____

_____

_____

Guest Name

_____

_____

Message to Treasure

_____

_____

_____

_____

Guest Name

_____

_____

Message to Treasure

_____

_____

_____

_____

Guest Name

_____

_____

Message to Treasure

_____

_____

_____

_____

Guest Name

_____

_____

Message to Treasure

_____

_____

_____

_____

Guest Name

_____

_____

Message to Treasure

_____

_____

_____

_____

Guest Name

_____

_____

Message to Treasure

_____

_____

_____

_____

Guest Name

_____

_____

Message to Treasure

_____

_____

_____

_____

Guest Name

_____

_____

Message to Treasure

_____

_____

_____

_____

Guest Name

_____

_____

Message to Treasure

_____

_____

_____

_____

Guest Name

_____

_____

Message to Treasure

_____

_____

_____

_____

Guest Name

_____

_____

Message to Treasure

_____

_____

_____

_____

Guest Name

_____

_____

Message to Treasure

_____

_____

_____

_____

Guest Name

_____

_____

Message to Treasure

_____

_____

_____

_____

Guest Name

_____

_____

Message to Treasure

_____

_____

_____

_____

_____

Guest Name

_____

_____

Message to Treasure

_____

_____

_____

_____

_____

Guest Name

_____

_____

Message to Treasure

_____

_____

_____

_____

Guest Name

_____

_____

Message to Treasure

_____

_____

_____

_____

Guest Name

_____

_____

Message to Treasure

_____

_____

_____

_____

_____

Guest Name

_____

_____

Message to Treasure

_____

_____

_____

_____

_____

Guest Name

_____

_____

Message to Treasure

_____

_____

_____

_____

Guest Name

_____

_____

Message to Treasure

_____

_____

_____

_____

Guest Name

_____

_____

Message to Treasure

_____

_____

_____

_____

Guest Name

_____

_____

Message to Treasure

_____

_____

_____

_____

Guest Name

_____

_____

Message to Treasure

_____

_____

_____

_____

Guest Name

_____

_____

Message to Treasure

_____

_____

_____

_____

Guest Name

_____

_____

Message to Treasure

_____

_____

_____

_____

Guest Name

_____

_____

Message to Treasure

_____

_____

_____

_____

Guest Name

_____

_____

Message to Treasure

_____

_____

_____

_____

Guest Name

_____

_____

Message to Treasure

_____

_____

_____

_____

Guest Name

_____

_____

Message to Treasure

_____

_____

_____

_____

Guest Name

_____

_____

Message to Treasure

_____

_____

_____

_____

Guest Name

_____

_____

Message to Treasure

_____

_____

_____

_____

_____

Guest Name

_____

_____

Message to Treasure

_____

_____

_____

_____

Guest Name

_____

_____

Message to Treasure

_____

_____

_____

_____

Guest Name

_____

_____

Message to Treasure

_____

_____

_____

_____

Guest Name

_____

_____

Message to Treasure

_____

_____

_____

_____

_____

Guest Name

_____

_____

Message to Treasure

_____

_____

_____

_____

_____

Guest Name

_____

_____

Message to Treasure

_____

_____

_____

_____

Guest Name

_____

_____

Message to Treasure

_____

_____

_____

_____

Guest Name

_____

_____

Message to Treasure

_____

_____

_____

_____

Guest Name

_____

_____

Message to Treasure

_____

_____

_____

_____

Guest Name

_____

_____

Message to Treasure

_____

_____

_____

_____

Guest Name

_____

_____

Message to Treasure

_____

_____

_____

_____

Guest Name

_____

_____

Message to Treasure

_____

_____

_____

_____

Guest Name

_____

_____

Message to Treasure

_____

_____

_____

_____

Guest Name

_____

_____

Message to Treasure

_____

_____

_____

_____

Guest Name

_____

_____

Message to Treasure

_____

_____

_____

_____

Guest Name

_____

_____

Message to Treasure

_____

_____

_____

_____

_____

Guest Name

_____

_____

Message to Treasure

_____

_____

_____

_____

_____

Guest Name

_____

_____

Message to Treasure

_____

_____

_____

_____

Guest Name

_____

_____

Message to Treasure

_____

_____

_____

_____

Guest Name

_____

_____

Message to Treasure

_____

_____

_____

_____

_____

Guest Name

_____

_____

Message to Treasure

_____

_____

_____

_____

_____

Guest Name

_____

_____

Message to Treasure

_____

_____

_____

_____

Guest Name

_____

_____

Message to Treasure

_____

_____

_____

_____

Guest Name

_____

_____

Message to Treasure

_____

_____

_____

_____

Guest Name

_____

_____

Message to Treasure

_____

_____

_____

_____

Guest Name

_____

_____

Message to Treasure

_____

_____

_____

_____

Guest Name

_____

_____

Message to Treasure

_____

_____

_____

_____

Guest Name

Message to Treasure

Guest Name

Message to Treasure

Guest Name

_____

_____

Message to Treasure

_____

_____

_____

_____

Guest Name

_____

_____

Message to Treasure

_____

_____

_____

_____

Guest Name

_____

_____

Message to Treasure

_____

_____

_____

_____

Guest Name

_____

_____

Message to Treasure

_____

_____

_____

_____

Guest Name

_____

_____

Message to Treasure

_____

_____

_____

_____

_____

Guest Name

_____

_____

Message to Treasure

_____

_____

_____

_____

_____

Guest Name

_____

_____

Message to Treasure

_____

_____

_____

_____

Guest Name

_____

_____

Message to Treasure

_____

_____

_____

_____

Guest Name

_____

_____

Message to Treasure

_____

_____

_____

_____

Guest Name

_____

_____

Message to Treasure

_____

_____

_____

_____

Guest Name

_____

_____

Message to Treasure

_____

_____

_____

_____

Guest Name

_____

_____

Message to Treasure

_____

_____

_____

_____

Guest Name

_____

_____

Message to Treasure

_____

_____

_____

_____

Guest Name

_____

_____

Message to Treasure

_____

_____

_____

_____

Guest Name

_____

_____

Message to Treasure

_____

_____

_____

_____

Guest Name

_____

_____

Message to Treasure

_____

_____

_____

_____

Guest Name

_____

_____

Message to Treasure

_____

_____

_____

_____

Guest Name

_____

_____

Message to Treasure

_____

_____

_____

_____

Guest Name

_____

_____

Message to Treasure

_____

_____

_____

_____

Guest Name

_____

_____

Message to Treasure

_____

_____

_____

_____

Guest Name

_____

_____

Message to Treasure

_____

_____

_____

_____

_____

Guest Name

_____

_____

Message to Treasure

_____

_____

_____

_____

Guest Name

_____

_____

Message to Treasure

_____

_____

_____

_____

Guest Name

_____

_____

Message to Treasure

_____

_____

_____

_____

Guest Name

_____

_____

Message to Treasure

_____

_____

_____

_____

Guest Name

_____

_____

Message to Treasure

_____

_____

_____

_____

Guest Name

_____

_____

Message to Treasure

_____

_____

_____

_____

Guest Name

_____

_____

Message to Treasure

_____

_____

_____

_____

Guest Name

_____

_____

Message to Treasure

_____

_____

_____

_____

Guest Name

_____

_____

Message to Treasure

_____

_____

_____

_____

Guest Name

_____

_____

Message to Treasure

_____

_____

_____

_____

_____

Guest Name

_____

_____

Message to Treasure

_____

_____

_____

_____

Guest Name

_____

_____

Message to Treasure

_____

_____

_____

_____

Guest Name

_____

_____

Message to Treasure

_____

_____

_____

_____

Guest Name

_____

_____

Message to Treasure

_____

_____

_____

_____

Guest Name

_____

_____

Message to Treasure

_____

_____

_____

_____

Guest Name

_____

_____

Message to Treasure

_____

_____

_____

_____

Guest Name

_____

_____

Message to Treasure

_____

_____

_____

_____

Guest Name

_____

_____

Message to Treasure

_____

_____

_____

_____

Guest Name

_____

_____

Message to Treasure

_____

_____

_____

_____

Guest Name

_____

_____

Message to Treasure

_____

_____

_____

_____

Guest Name

_____

_____

Message to Treasure

_____

_____

_____

_____

Guest Name

_____

_____

Message to Treasure

_____

_____

_____

_____

Guest Name

_____

_____

Message to Treasure

_____

_____

_____

_____

Guest Name

_____

_____

Message to Treasure

_____

_____

_____

_____

_____

Guest Name

_____

_____

Message to Treasure

_____

_____

_____

_____

_____

Guest Name

_____

_____

Message to Treasure

_____

_____

_____

_____

Guest Name

_____

_____

Message to Treasure

_____

_____

_____

_____

Guest Name

_____

_____

Message to Treasure

_____

_____

_____

_____

Guest Name

_____

_____

Message to Treasure

_____

_____

_____

_____

Guest Name

_____

_____

Message to Treasure

_____

_____

_____

_____

Guest Name

_____

_____

Message to Treasure

_____

_____

_____

_____

Guest Name

_____

_____

Message to Treasure

_____

_____

_____

_____

_____

Guest Name

_____

_____

Message to Treasure

_____

_____

_____

_____

_____

Guest Name

_____

_____

Message to Treasure

_____

_____

_____

_____

Guest Name

_____

_____

Message to Treasure

_____

_____

_____

_____

Guest Name

_____

_____

Message to Treasure

_____

_____

_____

_____

_____

Guest Name

_____

_____

Message to Treasure

_____

_____

_____

_____

Guest Name

_____

_____

Message to Treasure

_____

_____

_____

_____

Guest Name

_____

_____

Message to Treasure

_____

_____

_____

_____

Guest Name

_____

_____

Message to Treasure

_____

_____

_____

_____

Guest Name

_____

_____

Message to Treasure

_____

_____

_____

_____

Guest Name

_____

_____

Message to Treasure

_____

_____

_____

_____

Guest Name

_____

_____

Message to Treasure

_____

_____

_____

_____

Guest Name

_____

_____

Message to Treasure

_____

_____

_____

_____

_____

Guest Name

_____

_____

Message to Treasure

_____

_____

_____

_____

_____

Guest Name

_____

_____

Message to Treasure

_____

_____

_____

_____

Guest Name

_____

_____

Message to Treasure

_____

_____

_____

_____

Guest Name

_____

_____

Message to Treasure

_____

_____

_____

_____

_____

Guest Name

_____

_____

Message to Treasure

_____

_____

_____

_____

_____

Guest Name

_____

_____

Message to Treasure

_____

_____

_____

_____

Guest Name

_____

_____

Message to Treasure

_____

_____

_____

_____

Guest Name

_____

_____

Message to Treasure

_____

_____

_____

_____

Guest Name

_____

_____

Message to Treasure

_____

_____

_____

_____

Guest Name

_____

_____

Message to Treasure

_____

_____

_____

_____

Guest Name

_____

_____

Message to Treasure

_____

_____

_____

_____

Guest Name

_____

_____

Message to Treasure

_____

_____

_____

_____

Guest Name

_____

_____

Message to Treasure

_____

_____

_____

_____

Guest Name

_____

_____

Message to Treasure

_____

_____

_____

_____

Guest Name

_____

_____

Message to Treasure

_____

_____

_____

_____

Guest Name

_____

_____

Message to Treasure

_____

_____

_____

_____

Guest Name

_____

_____

Message to Treasure

_____

_____

_____

_____

Guest Name

_____

_____

Message to Treasure

_____

_____

_____

_____

Guest Name

_____

_____

Message to Treasure

_____

_____

_____

_____

Guest Name

_____

_____

Message to Treasure

_____

_____

_____

_____

_____

Guest Name

_____

_____

Message to Treasure

_____

_____

_____

_____

_____

Guest Name

_____

_____

Message to Treasure

_____

_____

_____

_____

Guest Name

_____

_____

Message to Treasure

_____

_____

_____

_____

Guest Name

_____

_____

Message to Treasure

_____

_____

_____

_____

_____

Guest Name

_____

_____

Message to Treasure

_____

_____

_____

_____

_____

Guest Name

_____

_____

Message to Treasure

_____

_____

_____

_____

Guest Name

_____

_____

Message to Treasure

_____

_____

_____

_____

Guest Name

_____

_____

Message to Treasure

_____

_____

_____

_____

_____

Guest Name

_____

_____

Message to Treasure

_____

_____

_____

_____

Guest Name

_____

_____

Message to Treasure

_____

_____

_____

_____

Guest Name

_____

_____

Message to Treasure

_____

_____

_____

_____

Guest Name

_____

_____

Message to Treasure

_____

_____

_____

_____

_____

Guest Name

_____

_____

Message to Treasure

_____

_____

_____

_____

_____

Guest Name

_____

_____

Message to Treasure

_____

_____

_____

_____

Guest Name

_____

_____

Message to Treasure

_____

_____

_____

_____

Guest Name

_____

_____

Message to Treasure

_____

_____

_____

_____

_____

Guest Name

_____

_____

Message to Treasure

_____

_____

_____

_____

_____

Guest Name

_____

_____

Message to Treasure

_____

_____

_____

_____

Guest Name

_____

_____

Message to Treasure

_____

_____

_____

_____

Guest Name

_____

_____

Message to Treasure

_____

_____

_____

_____

Guest Name

_____

_____

Message to Treasure

_____

_____

_____

_____

Guest Name

_____

_____

Message to Treasure

_____

_____

_____

_____

Guest Name

_____

_____

Message to Treasure

_____

_____

_____

_____

Guest Name

_____

_____

Message to Treasure

_____

_____

_____

_____

_____

Guest Name

_____

_____

Message to Treasure

_____

_____

_____

_____

_____

Guest Name

_____

_____

Message to Treasure

_____

_____

_____

_____

Guest Name

_____

_____

Message to Treasure

_____

_____

_____

_____

Guest Name

_____

_____

Message to Treasure

_____

_____

_____

_____

_____

Guest Name

_____

_____

Message to Treasure

_____

_____

_____

_____

_____

Guest Name

_____

_____

Message to Treasure

_____

_____

_____

_____

Guest Name

_____

_____

Message to Treasure

_____

_____

_____

_____

Guest Name

_____

_____

Message to Treasure

_____

_____

_____

_____

Guest Name

_____

_____

Message to Treasure

_____

_____

_____

_____

Guest Name

_____

_____

Message to Treasure

_____

_____

_____

_____

Guest Name

_____

_____

Message to Treasure

_____

_____

_____

_____

Guest Name

_____

_____

Message to Treasure

_____

_____

_____

_____

_____

Guest Name

_____

_____

Message to Treasure

_____

_____

_____

_____

_____

Guest Name

_____

_____

Message to Treasure

_____

_____

_____

_____

Guest Name

_____

_____

Message to Treasure

_____

_____

_____

_____

Guest Name

_____

_____

Message to Treasure

_____

_____

_____

_____

Guest Name

_____

_____

Message to Treasure

_____

_____

_____

_____

Guest Name

_____

_____

Message to Treasure

_____

_____

_____

_____

Guest Name

_____

_____

Message to Treasure

_____

_____

_____

_____

Picture Memories

Picture Memories

Picture Memories

Picture Memories

Picture Memories

Picture Memories

Bonus Gift Package

DOWNLOADABLE PRINTABLE
A4 GIFT TRACKER
A4 PARTY INVITATION
A4 THANK YOUS

http://bit.ly/rosegold-freebies

Made in United States
Orlando, FL
24 March 2023

31391994R00067